上：小学校３年のお正月、妹との自画像。
下：誰を描いたのかは覚えていませんがお友達でしょう。桜の花が満開で、オウムが印象的だったのでしょう。当時は子供も日傘をさしていました。

上：春の宵（昭和 62 年作）京都旅行の折、美しい舞妓さんに出会いました。写真を撮らせていただきそれを絵にしました。
下：杜若（かきつばた）（平成 7 年作）能楽「杜若」より。宝生（ほうしょう）流のモデルで冠が他の流派とは違います。

茨の道も今にして思えば……

緋紗子

福井絖苑

文芸社

まえがき

今年もまた、庭のさるすべりが真紅の花をたわわにつけ夏の訪れを告げるのです。百年をすぎた老木で、我が家の目印でもあります。花木の少ない夏に、暑さにめげず元気に咲くさるすべり。私も頑張らなくてはと思う今日この頃でございます。

私は生来お花が好きで、年中お花に囲まれています。まず、暮れから椿が咲きはじめ、そのうち木蓮が春の訪れを知らせ、ただ一本の桜の老木が満開となります。早咲きのつつじからさつきまで約二カ月、紫陽花（あじさい）が咲くまで咲きつづけ、さるすべりが十月頃まで咲き、金木犀（きんもくせい）、さざんかと楽しませてくれます。また、草花も色々と咲き、洋らんやらえび根らん、シンビジュームなどの種類がありまして、すぐスケッチのできる楽しさ、春になれば水仙やチューリップが種々咲きます。年とともに花壇の仕事もつらくなりますが、開花が楽しみでやめられないのです。これは父親ゆずりということでございます。

さて、この世に生を享けて幾星霜、めぐり来て私もいつの間にか八十路をすぎ、残り少ない余生を想う時、わが子孫に私の半生を記しておくことも有意義なことと思い拙いペンを執ることにいたしました。

平成十三年　初冬

著　者

「緋紗子　茨の道も今にして思えば……」目次

「緋紗子　茨の道も今にして思えば……」

序　文

最初に一言申し上げます。

何もわからない私が生意気のようですが、昨今の乱れた世相に一言(いちげん)を呈したいと存じます。戦前は親の後姿を見て子供は育つと申しまして、皆一生懸命働き、その親を見て親が一番えらいものと思っておりました。ところが近頃は、学校で道徳を教えられた私達には想像もつかないようなことが沢山ありすぎます。自由をはきちがえ、たやすく結婚し、子供がじゃまになったら殺す、これは一部の出来事ではすまされないことではないでしょうか。

このような状況を生み出す原因の一つには学校の先生の意識、能力の低下（全部とは申しません）が考えられます。昔の先生は子供を教えることに誇りを持ち天職と思っていらっしゃいましたが、今はパンを得るための職業としていらっしゃる方が多いように思えてなりません。

勿論、親にも問題はありますけれど、とにかく、この世に生を享けたのですから、一度だけの人生を大切に生きるということの尊さを学校教育に取り入れて、有限の人生をよりよく生きるよう教育していただきたいものと思います。

そうしましたら、少年犯罪も少しは減るのではないでしょうか。未成年が人を殺し、平然としていられる恐ろしさ、こういう世の中を早く正してもらいたいものと思う次第でございます。

第一章　愛と憎しみを越えて

堀家の跡取り娘として誕生

私は大正の半ば、内務省官吏、堀洋輔の長女として、旧東京市芝区愛宕下の俗称仙台屋敷（現、港区新橋六丁目）に生まれました。

待望久しい跡取りの誕生を待ち望んでいた祖父の期待にはずれた女の子の出生は、半分喜びと半分失望とで複雑であったようです。しかもこの私が女子であったため、堀家に不幸な事態が起こることになるのですが、祖父はもちろん知る由もなく、私の出生の翌年六十九歳でこの世を去りました。

祖父は名を和輔といい、幕末の風雲急を告げる頃、十二、三歳で蔵前の札差（江戸時代、旗本、御家人の扶持米をお金に替えた商売で、札差の語源は米俵に何々家という札をさしたからだそうですが、お金も貸したそうで武士相手の格式の高い商人だったそうです）、その上總屋九兵衛の養子となりますが、維新ののち商売がえを余儀なくされ、神田で太物商（綿織物や麻織物を扱う商人）となったそうです。

運よく祖母が嫁いだ頃は間口十間の大店に成長しましたが、神田は火事が多く、二度も火災に遭い、太物商をやめて神田から芝へ引っ越して参りました。そこで私の父が生まれたのです。その頃、祖父は小笠原で貿易の仕事をはじめたとか……、もっとよく聞いておくべきでした。

年収により選挙権のあった当時、その第一号の仲間入りをしたとか祖父が自慢していたと祖母からのちに聞きました。とにかく、いつもお正月には年賀の客で玄関が閉まるいとまもなく、人力車が通って行けば、また堀さんの年賀の客とうわさされたそうです。

祖父は人の面倒見がよく、家には始終二、三人の居候が居たそうですから、祖母の苦労もひとしおであったと思われます。また、非常にあわれみ深く、借家に住む貧しい人にお米や衣類を与えたそうです。そのようなとき、祖父は人力でその家のそばまで行きますが、ちょっと離れたところで降りるという、貧しい人への心配りも忘れない人だったようです。その頃は、その日の食事にも事欠く貧しい人が沢山あったようですが、私は全く知りませんので、祖父のことはこれぐらいにして祖母についてお話しします。
これからお話ししますことは、全て私の記憶にもとづいて書いたもので、文献など調べていませんので、まちがったこともあろうかと思います。御了承くださいませ。

祖母のふをは私が女学校を卒業する翌々年まで健在で、私と二歳下の妹としえと共に、慈しみ育ててくれました。

祖母は安政三年（一八五六）松前藩の重臣の家に生まれましたが、父が五稜郭の戦で戦死した後、病弱の母と兄、弟の面倒を見、母の死後兄弟三人で上京、兄弟の面倒を見ながら好きな勉学にいそしみ、小さな寺子屋（塾）を開いたそうです。明治五年（一八七二）の女子の岩倉使節団の候補に上がったそうですが、年長のためはずされたと聞いています。それにしても、女子の岩倉使節団の中に勤王派の人が一人もいなかったのも不思議なことだと思います。

さて、ここでちょっと松前藩のことについて祖母から聞いた話を記しますが、松前城は昔、嘉永六年（一八五三）ロシアの使節が上陸した頃は福山城と言ったそうです。

福山はその地名から取ったもので、松前というのは藩主の姓でした。のちにお城が再建され松前城となってからは、祖母は東京から出たこともなくお城も見たこともなかったということです。

祖母の兄が嫁を迎えてから、祖母は前田公爵邸へ奥女中として上がることになりました。学問だけでなく、お琴や短歌にも秀でていた祖母はのちに有栖川の宮家へお輿入れになった寧子姫のお気に入りであったそうです。

子供の頃、寝つきの悪い私の背をさすりながら、まだ江戸時代の名残をとどめた加賀様のお正月やお花見、おしのびのお芝居見物など、さまざまな行事をいろいろと聞かせてくれたものでしたが、すでに七十余年も昔のこと、祖母の面影と同時におぼろな記憶となってしまいました。

ところで、私は七歳の時母を失い、この祖母と父の妹である叔母の雪子によって育てられることとなるのでした。

どんなに暑い夏でも着物に帯をきちんと締めていた祖母は、商人の妻となっても士族の娘としての高いプライドを持った人でした。それでも孫の私達にはやさしく、とくに堀家の跡取りである私のことは宝物のように大切に育ててくれました。ですから、母のない寂しさを味わうことなく、何不自由ない少女時代を過ごすことができたのでした。

また祖母は書をよくし、私の子供の頃、結婚祝やお悔やみ状は巻紙で書いたものでしたが、祖母は頼まれますとちょっと用件を聞いただけで、すぐ巻紙に筆を走らせました。それが評判になり、よく書いておりました。そうするとお礼に、お口に合いますかどうか召し上がって下さいませとお菓子を持って来てくださいました。（お口に合いますかどうかとはどういうことか）と子供の私は思っていたのを覚えております。そして、そのお菓子をいつも妹と二人で頂きました。でも私はチョコレートとケーキが好きでしたので、そんなに有り難くありませんでしたが、とろけるようなおいしいお菓子でした。たしか、川口屋さんの和菓子だったと思います。

父

幼い私は何も知りませんでしたが、父が女性におぼれて、祖父母が辛苦の末再興させた堀家はのちに、祖母の死とともに崩壊してしまうのです。

父は明治十三年、前にも述べたように神田で生まれました。江戸っ子の代名詞に「芝で生まれて神田で育ち」というのがありますが、父は神田で生まれて芝で育ち、私もその芝の家で生まれ、父が少年時代から過ごした家で幼女時代を過ごしました。

そこは昔、仙台藩の藩邸のあったところで、芝の仙台屋敷と書けば手紙が届いたそうです。そこには塩竈神社があり、祭礼の時にはお神楽やら、おかめ、ひょっとこの踊りなどで賑わい、いろんなお店が出てセルロイドのおもちゃやお人形など買ってもらったことを今でも覚えております。

さてその父ですが、若い頃は外見が立派で人には親切、まだ日清戦争が終わった頃は首都東京でも上の学校へ行く人が少なく、学校出の若い官吏として日の出の勢いであったと祖母から聞いています。その頃は学校も成績がよければずんずん飛び級ができて、早く社会に出られたそうです。大学で建築工学を学んでいた父も成績がよく、人より早く卒業するとすぐに、内務省、今で言う建設省の部署に入省しました。当時、祖父は貿易商をしていましたが、商人は浮き沈みが激しいということから、祖父の仕事を継ぐよりも公務員になったほうがよいであろうということでした。

そして二十四歳の時、祖父の恩人の令嬢と結婚しましたが、妻となった人は美人薄命で一緒に暮らしたのは半年ばかり、病のために一年後に亡くなったそうです。

その後、長い独身生活で女性関係も色々ありまして、祖母はその後始末に苦労したそうですが、やっと薦める人があって母と結婚致しました。母とは再婚同士でしたが、誰が見てもお似合いと見え、思わぬ破局が訪れようとは誰も想像しなかったということです。

子供の頃の父はとてもやさしく可愛がってくれました。父は芝居が好きで、名古屋へ行ってから御園座へよく連れて行ってもらいました。祖父が盛んな頃、俗に田圃（たんぼ）の太夫と言われた沢村源之助さんのひいきで、今で言う後援会の会長のようなことをしていたそうです。浅草の隣の田圃に吉原ができて吉原田圃と言ったそうで、その遊郭の息子さんが先代の三世源之助さんのところへ踊りを習いに行っているうち、末に望みがあるとかで、望まれて養子になったそうで、皆が田圃の太夫と言ったそうです。紀伊国屋さん（沢村宗十郎さん）の一族で、その気性が祖父が好きでひいきにしていたそうですが、短気が災いして一時浅草の小芝居宮戸座へ出演していらっしゃったとのことです。その時の座付作者加藤氏の長男が可愛（かわい）かったので、四世源之助さんが役者に仕込み、沢村を名乗らせ、沢村国太郎となったのです。その国太郎さんの息子さんが、長門、津川兄弟です。話はそれましたが、四世源之助さんは世話物の得がたい女形で、しばらくして歌舞伎座に復帰されました。

　そんな関係で父も幼少の頃から歌舞伎が好きだったようです。私も父の感化で歌舞伎が好きで、初

大正６年４月25日、父堀洋輔、母若枝の結婚記念写真。母は27歳、この当時は再婚の場合には島田は結わなかったそうです。

代雁治郎さん、先代の梅幸さんなども見ております。今は三津五郎さん、仁左衛門さんのファンです。

そのほか父とは公会堂へバレーも見に行きました。また、私は関屋敏子さんの美しいソプラノが好きで、父におねだりして行ったことがあります。

父との思い出は数々ございますが、次に母のことをお話ししたいと思います。

母

母の実家である伊藤家は、曽我兄弟の祖父伊東祐親の末裔で、足利時代から五摂家の名門九条家の御側御用人を務めておりました。伊東家はもと平氏の出であったので九条家に仕えるようになったとき、伊東を伊藤にかえ藤原氏を名乗ったそうです。

母の父伊藤祐之には六人の子供があり、母は六人兄弟の末っ子の四女として明治二十二年に生まれました。母が生まれた時、すでに父祐之は九条家を去り、内務省の官吏となっていました。新田郡長をかわきりに各地を廻り、岐阜県の主席郡長（現在の副知事級）となりまして、間もなく病を得て退官いたしました。戦災で写真を喪失しましたが、大礼服を着た凜々しい祖父の姿が今でも目に浮かびます。

母の長兄健児は伯父に連れられて渡米し、ミシガン大学を卒業し建築家となり、恩師の令嬢のアメリカ人と結婚し、アメリカに永住し、次兄の駿児が家督を継ぎました。この伯父は海が好きで、今の商船大学を卒業してのち、外国航路の船長になりました。

昭和天皇の弟宮、秩父宮様の初の御渡欧のときのお召し船の船長になったのが出世の始まりで、日本の最優秀船、浅間丸、鎌倉丸、龍田丸の船長を歴任して、終戦後亡くなりました。

母の次兄、駿児伯父

母は父親が岐阜県の主席郡長をしていた時、岐阜に女学校がなく、羽島郡川島村（現在の羽島市）の岐阜女子師範を卒業し、さらに上京して東京女子高等師範、今のお茶ノ水女子大学文科に入学しましたが、母の長姉の縁につながる二条侯爵の薦められる縁談をお断りもできず、学業半ばで若くして結婚しました。

ところが、これが不幸な結婚で、相手が男性としての能力を持たない方であったため、三年ばかりで婚家を飛び出してしまったそうです。その半生をもとに文章にした小説「有髪の尼」が、当時の流行雑誌、「婦人世界」か「婦女界」（どちらか忘れました）に投稿し、賞を頂いたそうです。母は常々、随筆や短歌を出していたそうですが、小説はこれ一つだということで、私は女学生のころ原稿でもあったらと思いましたが何もなく、祖母に雑誌社に聞いてみたら駄目かしらと尋ねましたが、関東の大震災で東京は焼野が原になったのですから駄目よと言われ、あきらめました。

母のペンネームは未央柳（みおうりゅう）と言ったそうです。銀座に未央柳という可愛い柳があって、その下で独身時代文学書を読みふけったということです。今の銀座では想像もできません。

母の長姉は明治一桁生まれで、鳩山一郎さんのお母さま春子さん創立の今の共立女子大学、当時は共立女子職業学校と言いましたが、その第一回卒業生です。女子職業学校と言っても職業婦人の養成であったわけではなく、お花や絵画、刺繍、和裁等、技芸の学校だったのです。

当時はいわゆる女傑が大勢出まして女学校をつくり、新しい女子教育に情熱を傾けられました。中でも有名な方は華族女学校の下田歌子さん、跡見女学校の跡見花蹊さん、女子英学塾の津田梅子さん、山脇高女の山脇房子さん、東京女学館の棚橋絢子さん等々あとにつづく方も多く、伯母も文部省から中国へ派遣され、粛親王家の日本語の家庭教師をしていたそうです。その時のお土産として母がいただいたもののうち、刺繍のハンカチを私は今も大切に持っています（本書のカバーデザインは、この刺繍のハンカチを使っています）。

この伯母はのちに父親の友人二条侯爵家の執事喜熊さんを養子に迎えました。母には二人の兄がいましたが、前にも述べたように一人はアメリカに、一人は外国航路の船長をしていましたので、母が寂しいからとて長女に養子を迎えたのでした。伯母は、私の出生の前年に亡くなりましたので、勿論会ったこともなく、名前も忘れてしまいました。

なお、私の母は名家であった母親の実家を継ぐべく、少女時代から中村姓を名乗っていました。ですから、生まれた時は伊藤うめ、学生時代は中村うめ（うめは二月生まれのため、母の父がつけたものだそうです）、その後自ら改名して中村若枝となり、結婚して堀若枝、それとペンネームの未央柳、この五つの名前は母に不幸を招いたように思います。

離婚ののち、母は年も近く一番好きだった三番目の姉とし子の許に身を寄せることになりました。姉の夫西孝春は名古屋地裁の判事で、東区長久寺町に居住していました。母は不幸な結婚の痛手を癒すため、小学校の教員の職を得て東田小学校に通い、児童の教育に情熱を燃やしていたそうです。

ところが、大正のはじめから流行したスペイン風邪で、伯母の夫西孝春が急逝しましたので、一家は東京に引きあげて参りました。

そこで縁談があり、母は父と見合い結婚をしました。母が二十七歳、父は母より九つ上ですから三十六歳の時でした。先妻に死に別れてから十年以上もつづいた父の奔放な独身生活にピリオドが打たれたのです。

昭和17年4月、母の姉、西とし子伯母（左）と伯母の三男西孝信の妻静子。この写真は戦地へ送るために撮ったものですが、まもなく、夫の孝信はアッツで玉砕しました。男の子を三人とも亡くした伯母もかわいそうな人でした。

転勤がもたらした悲劇

結婚後すぐに二人の女児に恵まれ、幸福のように思われたそうですが、間もなく父が勤務していた土木局の木曽川堤防河川工事に従事するため名古屋に転勤になり、始めは一年の出張の予定が長引き、父の単身赴任が始まりました。これが間違いのもと、母を不幸に陥れることになろうとは聡明な祖母も気がつかなかったことでした。

しかし、父の優柔不断な性格と女性関係を心配した祖母は一人で長くおくことはよくないと、思い切って芝の住居と借家を処分し、東京に心を残しながら名古屋へ引っ越して参りました。私は六歳の時でしたので、小学校は名古屋の学校へ入りました。

母は西の義兄が名古屋で亡くなっていることもあり、何か悪い予感がして行きたくないと言っていたそうですが、その予感が的中してしまったのでした。

東京にいたときにはほとんど定時に帰宅し、私や妹にもやさしく、絵本を読んでくれたり、一緒に遊んでくれた父でしたが、名古屋に来てからは家に戻らない日が多く

郵便はがき

恐縮ですが
切手を貼っ
てお出しく
ださい

1600022

東京都新宿区
新宿 1－10－1
(株) 文芸社
ご愛読者カード係行

書　名					
お買上 書店名	都道 府県　　市区 郡　　書店				
ふりがな お名前				明治 大正 昭和　年生　歳	
ふりがな ご住所	□□□-□□□□				性別 男・女
お電話 番　号	（書籍ご注文の際に必要です）	ご職業			

お買い求めの動機

1. 書店店頭で見て　2. 小社の目録を見て　3. 人にすすめられて
4. 新聞広告、雑誌記事、書評を見て（新聞、雑誌名　）

上の質問に 1. と答えられた方の直接的な動機

1. タイトル　2. 著者　3. 目次　4. カバーデザイン　5. 帯　6. その他（　）

ご購読新聞　新聞　ご購読雑誌

文芸社の本をお買い求めいただき誠にありがとうございます。

この愛読者カードは今後の小社出版の企画およびイベント等の資料として役立たせていただきます。

本書についてのご意見、ご感想をお聞かせください。 ① 内容について
② カバー、タイトルについて
今後、とりあげてほしいテーマを掲げてください。
最近読んでおもしろかった本と、その理由をお聞かせください。
ご自分の研究成果やお考えを出版してみたいというお気持ちはありますか。 ある　　ない　　内容・テーマ（　　　　　　）
「ある」場合、小社から出版のご案内を希望されますか。 する　　しない

ご協力ありがとうございました。


〈ブックサービスのご案内〉

小社では、書籍の直接販売を料金着払いの宅急便サービスにて承っております。ご購入希望がございましたら下の欄に書名と冊数をお書きの上ご返送ください。（送料１回380円）

ご注文書名	冊数	ご注文書名	冊数
	冊		冊
	冊		冊

なりました。私は子供でしたので、そのことをあまり不思議にも思いませんでしたが、実は父には単身赴任中に愛人ができていたのです。

祖母と母は名古屋に来て、初めて父に愛人のあることを知ったのでした。相手の女性は父の勤務先の電話交換手で、まだ十五歳の少女でした。母は父の裏切りに言葉を無くし、一人鬱々としていたのでしょう。それでもそのようなことは微塵も感じさせないくらい、私達子供に対しては常と変わらぬやさしい母でした。

　なやみある母とは知らで幼子は　わがひざの上（え）にざして遊べり

当時の母の思いが込められた短歌でございます。

祖母と母は嫁姑という間柄でしたが、母はよく祖母に仕え、祖母はまた母を自分の娘と同じように可愛がっていて、盆暮れには本当の娘である叔母と同じように、母にも着物などをプレゼントしていたようです。

祖母は息子の失態による嫁の苦悩を思い、なんとか相手の女性と別れさせようとしました。色々と骨折って娘の母親と話し合いをしましたが、「百や二百の端金（はしたがね）では別れさせられない。本人同士が好きなのだからそちらが別れてくれればよいでしょう。千円か二千円出さなければ話にならない」ということだったそうです。

その当時は百円で家が一軒建ったというほどでしたから、厖大なお金の請求に、その時は人を介して話をしたのですが、話のできる相手ではなかったということです。彼女の家は七人も兄弟がいる貧しい暮らしだったようで、母親がはじめから計算づくで彼女を父に近づけたらしく、デートも娘の家、父がよい鴨にされたというわけらしいのです。すべては父の優柔不断から悲劇が起こったということでした。

その時、母は第三子をみごもっておりました。ところが、彼女も一カ月ほど遅れて出産の予定と聞き、母はどうしてよいか分からなくなってしまったのでしょう。食事も喉を通らなくなり、だんだんに痩せていき、悩みに悩んだ末、母は悩める妻より旦那さまへという手紙を残して、薬を飲み自らの命を絶とうとしたのでした。

しかし、母の様子を気にかけていた祖母の発見が早く一旦命は取り留めましたが、それがもとで胎児が死に、その毒素が体にまわったのが命とりになりました。母の本当の死因を知っていたのは祖母、父、叔母の三人だけで、私も含めて親戚の者などにはお産が原因で死んだということになっておりました。当時、まだ七歳だった私は祖母の話を聞き、何の疑いもなく母の死を受け入れていたのでした。

母は最後まで幼い私と妹の将来を案じつつ、あとを祖母と叔母に託して三十四歳で亡くなりました。

吾子(あこ)よ吾子も女にあれば行く末に　母と同じき憂(うき)を見るかや

これが母の辞世の歌でした。

母の記憶はあまりございませんが、叔母に手を引かれ小さなバスケットにお菓子を一杯入れて、母の病院へ毎日行ったことはよく覚えています。そして、母が火葬になったとき「オバケ」といって気を失ってしまったこともよく覚えております。初めての経験ですからびっくりしたものと思います。子供心に人間は死ぬとこんなになるのかと悲しくなったものと思います。

母の葬儀のあと、彼女の子供もこの世に生を享けることなく亡くなったのでした。母の怨念に違いないと祖母は言っていたそうです。しかし、子供までできていたのですから、そのままにしておくわけにもいかず、人を入れて彼女の親との交渉に入り、やむを得ず相手方の言うとおりで話をつけ、お互いのためこれできっぱり別れましょうと話をつけました。彼女も親ほど年の違う人より、年相応の人を選んで暮らしてくれることを願って、今後絶対に会わないことを約束し、念書もとりました。これでしばらくは平穏な日がつづきましたが、祖母の考えるようなわけにはいかなかったのです。

父と彼女の仲はつづいていたのです。相手が悪すぎたということでした。祖母が話をすれば彼女の親は本人同士がよければ親が反対する理由はないと開きなおり、お金は今までの慰謝料だから約束違反でも何でもないと言う始末。先方は祖母も高齢ですから、少し待っていれば堀の家に入れると思っていたであろうことは誰でも分かることでした。

祖母と叔母の愛

母の死後、私と妹は祖母と叔母によって育てられることになりました。

そのとき祖母はすでに七十代、叔母は母と同じ三十代でございました。祖母は高い教養もあり、お琴、なぎなた、手裏剣なども得意にしておりました。礼儀作法などにもたいへん厳しい人でしたが、跡取りである私にはとてもやさしく、たいそう可愛がってくれました。

祖母は私が色が少々黒いことを気にかけて、色白は七難隠すと言いますから牛乳で顔を洗いなさいと申しました。大正天皇の皇后で、もと九条節子(さだこ)さまがお小さい時、埼玉の田舎でお育ちになり、お色が黒く、皇太子妃にお決まりになってから牛乳のお風呂へお入りになりお色が白くおなり遊ばしたと、祖母が母から聞いておりまして、お風呂とまではいかなくとも顔だけでも牛乳で洗いなさいと申しまして、牛乳で洗いましたら、長く続けていくうち、本当に白くなりました。髪の毛も玉子で毎日洗いましたら真黒になりました。昔の人のいうことは本当なのですね。

叔母はお花の先生をしながら生涯独身を通し、私達姉妹を本当の子供のように愛し、母親のように面倒を見てくれました。母と叔母は仲がよく、短歌や随筆などを雑誌に投稿していた母は、原稿料が入りますと叔母に半襟や帯〆や髪飾りなど買ってあげたらしく、これは姉さまに買っていただいたものなのよと、よく叔母が話しておりました。

私は幼児期、体が弱くすぐおなかをこわし、貧血で朝礼の時など長く立っていると気持ちが悪く、うずくまっていたものでした。赤玉ポートワイン等飲みましたが、ちっともよくならず、大学病院で調べていただいたら、偏食による子供の自律神経失調症なので、長く立っていると頭の血が下へ下がってしまうので、食事療法で治すよりほかにないと言うことでした。祖母と叔母に大切に育てられ、わがままであった私は食べ物の好き嫌いが多く、そのつけがまわってきたのです。

叔母はそんな私になんとか好き嫌いをなくさせようと、お料理に色々と工夫をしてはなんとか食べさせようとしてくれました。

私ばかりでなく、妹も幼い頃から腎臓が悪く運動などはあまりできないほうでした。妹とは仲がよく、私達は家の中で遊ぶ方が好きだったので、一緒にお手玉やお人形遊びをしたり、おままごとをしたり、絵を描いたりして遊んだ思い出があります。

私はわがまま一杯に育てられたので、とても弱虫で泣き虫な内弁慶な子供でした。いたずらをしたり、悪いことをしたこともないので、祖母にも叔母にも強くしかられたという記憶はなく、私のお行儀が悪かったり、間違ったことをしたときにはやさしく注意されたものです。そして、二人とも私が悲しいときにはしっかりと抱きしめてくれました。

母のように育ててくれた雪子叔母、23歳ぐらいのとき。

叔母は母とほぼ同じぐらいな年齢だったこともあり、私も妹も叔母を「叔母ちゃま、叔母ちゃま」とほんとうの母のように慕っておりました。

真実を知り、夢をあきらめる

私が母の死の原因について一部始終を知ることになったのは、女学校五年生の夏のことでした。翌年は卒業ですので、その後の進路について祖母と叔母と三人で話をしていたときのことです。

私は絵が好きで、数え年四歳の頃より自画像や人物画を描いていました。その絵を見て、皆がよく描けていると褒めて下さいまして、私も描いてと頼まれました。母がよく絵本を買ってくれたので、絵本が好きでたくさん見ていた影響もあるかもしれません。子供の頃は病気がちでしたが、それでも絵を描いていれば病気も治るというほど絵が好きで、小学校の先生からも天才だと言っていただき、本人もその気になり、末は上村松園さんのような美人画の絵描きになろうと本気で思っていました。

私は忘れていましたが、小学校の時のお友達の話では、よく授業中に教科書を屏風のように立てて絵を描いていたそうです。それくらい絵が好きでしたから、私は美術学校へ進むつもりでおり、もちろん東京の美術学校へ行かせてもらえるものと思っていました。ところがその話をしたところ「それはなりません」と言う祖母の返事、私は自分の耳を疑いました。

祖母は「あなたが家を出たら彼女が入ってくるじゃないの。それを待っているのよ。あなたには可哀相だけど、お願いだから私の言うことを聞いて下さい」。家にいて学校を出たら養子を早く迎えて、堀家を磐石のものにしなければならぬとのこと。

そして、祖母は初めて私に母の死の真実を語ったのでした。「あなたにはこれまで話していなかったけど、あの女のせいであなたのお母さまは自らの命を絶とうとしたのですよ。一旦命を取り留めたのですが、それがもとで亡くなったのです」。私は金づちで頭を打たれたような気持ちで目の前が真っ暗になりました。お産による不慮の死だとばかり思っていた私にはたいへんショックなことでした。

高女５年生の私。お正月のとき。

好きな絵の道に進むことができないという思い

と、彼女のせいで母が死んだというつらい事実をつきつけられた私は、全く食事もできないほどの強度の神経衰弱になり、学校へも行かれなくなって、ついに夏休みから約一カ月生死の境をさまよったのでした。

長い眠りから覚めた時の祖母と叔母の嬉しそうな顔、「おばあちゃま、緋紗子ちゃんが眼が覚めましたよ」と言う叔母の大きな声。祖母と叔母の嬉し涙でくしゃくしゃになった顔が今でも目に浮かびます。私の手をとって、「よかったよかった」と何度も繰り返し喜んでくれた二人を見て、自らの夢のため、年老いた祖母とやさしい叔母を悲しませてはならない。画家の道を進んでも必ず一角(ひとかど)の画家になれるという保証はない。才能だけではなく、チャンスに恵まれなければ一流にはなれない。一流になれるのは千か万に一人なのだからと分かった時、画家になる夢を捨てました。

私は絵のほかに文学も好きで、小説家になる夢も持っていました。六年生の時、谷崎潤一郎氏の「盲目物語」が「中央公論」に発表されました。父のところへ毎月「文芸春秋」と「中央公論」が本屋さんから届きますが、何時も読みたいものがあった時には、夜そっと持って来まして夜中に読むのでした。「盲目物語」の美しい文体、私は一睡もしないで読みました。乱読でしたが歴史小説が好きで、吉川英治氏の愛読者の一人でもありました。このように、読書が好きになったのは沢山読むことによって、自らを高めて行くことができると先生に教えられたからでした。

また、短歌も六年生頃から詠みはじめ、高女二年生の夏休みに五十首ばかり詠んだものを国語の先生にお見せしたところ、「下手でもそのうち上手になれます。すなおないい歌だからそのうち上達しますよ。がんばって下さい」とおっしゃいまして『絖（こう）苑（えん）』という名を頂きました。

昭和12年当時の私。

私はある時、「小説家になろうかしら。それなら名古屋で勉強できるでしょう」と祖母に言いましたら、祖母は「弱虫で神経質のあなたが小説家になったら気が狂って死んでしまう」とのことでした。絵ほど思い込みはなかったのですが、とにかく本が好きでした。

そして私は昭和十一年、女学校を卒業しました。それからは祖母の言うとおり、お料理学校へ通ったり、手芸を習ったりお稽古ごとに励みました。娘らしくなった私を見て祖母は嬉しそうでした。

祖母の死

元気であった祖母が亡くなったのは昭和十三年一月、ふとした風邪がもとで急性肺炎になり、あっけなく八十二歳の生涯を終わりました。

「あの女は絶対に家へは入れないように。あなたも大人になったのですから、しっかりしなくては」と、これが祖母の遺言でした。

突然の祖母の死に、心にぽっかりと穴があいたような気持ちになりましたが、これからは私がしっかりしなくては、そして祖母の遺言を守らなくてはと思いました。それからしばらくは寂しいながらも平穏な日がつづきました。

ところが何日かたったある日、突然彼女の訪問を受けました。私と叔母が応対に出たところ、彼女は玄関に入るといきなり「あなたは緋紗子さんね。この子はお父さんの子よ。あなたの弟よ。この家の後継ぎよ」と、一気にこれだけ言うと、後ろに隠れるようにしていた六歳ぐらいの男の子の手を引いて「ちょっと上がらしてもらうわ」

と、ずうずうしくも上がりこんできたのでした。

あまりのことに叔母はただおろおろするばかり。まさに青天の霹靂、予期しなかったことで、相手の態度に怒りが込み上げてきました。その女はまだ二十代で若く美人でしたが、くどいお化粧をして、はでな着物を着ていました。見るからに品のない人です。こんな礼儀知らずのおかしな人を父はなぜ愛したのでしょうとの思いで心が乱れました。本当に父に裏切られた気持ちでいっぱいになりました。

もともと父はプライドの高い人で、このような女性を好きになるはずはないのです。父はよく話の折々に、「神戸の姉はやっぱり違う。華族女学校の出の人はどことなく普通の女学校出の人とは違うね」と言っていました。神戸の姉とは母の次兄伊藤駿児夫人のことです。ちょっと説明しますと、日清戦争のあと台湾が日本の領土となったとき、乃木将軍が台湾総督、民政長官が財部氏で、同じ士族の出身ですが乃木将軍は下級武士、財部家は家老の家、つねに意見が対立したため途中で財部氏は民政長官をやめたそうです。その財部氏の次女が伊藤駿児と結婚したという次第です。

私は母の葬儀のとき、初めてその伯母に会いましたが、子供心にも上品できれいな人だなあと思ったことでした。その後、一度ぐらいしか会っていませんが、父は伊藤家で何かあるたびごとによく会う機会があったようです。よく話題に出た人でした。そのような父がこんな人を愛しているのかと思うと、ほんとうに悔やしく、子供の頃あんなにやさしかった父に裏切られたような気持ちになったのでした。

祖母は彼女が連れてきた男の子の存在を知らずに亡くなりました。（なぜ、おばあさまが生きている間に、子供のことを知らせてくれなかったの）と、私は父を恨みました。あとから思うと、父ははじめからこの弟を後継ぎにするつもりでいたのでしょう。祖母はなんとか私に養子を迎えて堀の家を継がせようとしていたので、私に養子の縁談がいくつもあったのですが、ことごとく父が反対したのでした。

『正寿院真月霊證大姉』真新しい祖母の白木の位牌をかかえて、私はさめざめと泣きました。維新の動乱の時代を乗り切ってきた祖母、祖母が存命なら何とかよい知恵が出たかも知れない。（どうしよう。どうしたらいいの、おばあさま）私は心の中で必死に祖母にたすけを求めました。そして、今更ながらに祖母の存在の大きさを知ったのでした。

彼女と弟

それまで父に口答え一つしなかった私でしたが、このときばかりは父を責めました。「お父さま、あんまりです。なぜ、おばあさまが生きているときに弟のことをいってくださらなかったのですか」。いつもはおとなしい叔母も「お兄さま、これではあまりにも緋紗子ちゃん達が可哀相すぎます。おばあさまとの約束はどうなさるおつもりなのですか」と涙ながらに訴えました。私と叔母はじっと父と対峙して父の答えを待ちました。

父は本当にすまなそうに「申し訳ない」と、初めて叔母と私に詫びました。そして、「あの子は私の子供だ」と言ったのです。父の子ならば認知せざるを得ないこと、子供だけ認知するということで話が決まり、父は叔母と私に頭を下げ、「女中だと思って辛抱してくれ」と申しましたので、つい情け心が出て譲歩しました。

そして、彼女と弟が同居するようになったのです。弟は小学校一年生でした。

叔母は当初から彼らとの同居を案じておりました。案の定、彼女の傲慢な態度はどんどんエスカレートし、女中どころか我が物顔に振る舞う有様。私は彼女とできるだけ顔をあわせたくないと思い、叔母と私と妹は三人で食事をすることにしました。一つしかない台所でしたから、交代で使うようにしていました。

彼女はとても気の強い人で、言葉遣いも悪く、じゃけんな物言いをする人でした。腹違いとはいえ、弟は母親と違っておとなしくいい子でしたので、弟に対しては憎しみを持ったことはありませんでした。どちらかと言えば、この弟も私達と同じように被害者の一人なのですから。

昭和14年頃、一度日本髪に結ってみたらと叔母に言われて、お正月に撮ったものです。

叔母は「私がしっかりしなかったから、緋紗子ちゃんに可哀相なことをしたわね。ごめんね」と言って二人で抱き合って毎日泣いてばかりいました。

やがて叔母はがんに冒され、三年ほど病の床についたのち、「堀家は緋紗子につがせて下さい。それでなければ死んでも死にきれない。おばあさまとの約束ですから。あの世へ行っておばあさまに何とわびればよいか」と父に言って五十五歳で亡くなりました。「分かっているから安心して」と父が言えば、うっすら笑みを浮かべて息を引き取った叔母。叔母が可哀相でなりませんでした。

でも、父も彼女も私達をだましていたにすぎないのでした。跡取りは弟と決めていたのです。叔母が死んだ今、こんな家にしがみついているのは愚かなこと、早く結婚して家を出ようと考えるようになりました。

そして、その頃はどうしたら彼女へ母の復讐ができるか、ということが頭を離れませんでした。「なんとかして彼女を懲らしめてやらなくては。どうしたら、復讐できるのだろう」私の心はそんな思いでいっぱいでした。

堀家を出て結婚

叔母さまが亡くなってから、なおさら家にいたくないという気持ちもあり、二年間ほど司法書士の事務所でアルバイトのようなことをしていました。その間、いくつもお見合いの話があり、その中の何人かの方とはお目にかかりましたが、まじめで誠実そうな公務員であった福井と結婚することになりました。

お見合いをしてから数カ月後の昭和十七年一月、二十四歳のときに結婚式を挙げました。こうして、私は堀家から離れ、福井緋紗子になりました。主人は私より六歳ほど上ですが、やさしくおもいやりのある人で二人の子供にも恵まれました。

でも、少女の頃から大切に育てられ、横のものを縦にもしなかった私には何もかもわからないことばかりでございました。自分の思うようにならないもどかしさもあり、色々とがまんをすることの多い毎日でした。

また、同時代の方は皆味わったことですが、戦時中にはつらいことも数々ありました。

終戦の翌々年には、長いこと腎臓を患っていた妹が二十四歳という若さでこの世を去りました。私は一人で堀の家を出ましたが、病気がちでおとなしい性格の妹のことだけがいつも心配で、心残りでなりませんでした。その妹がとうとう亡くなってしまったのです。可哀相な妹でした。

そして私には昭和十九年には長男が生まれ、二十七年に次男が生まれました。そのとき、堀の実家からは何一つ祝いをしてもらうことはありませんでした。すべては彼女の差し金に違いないのです。父は彼女になにも抵抗できないのでしょう。そんな父をふがいなく思い寂しい気持ちもありましたが、これできっぱりと堀の家と決別したような気持ちになりました。

でもどんな時でも、私には叔母が守護神として私を守って下さるとの思いが深く、これまで生きてこられたのだと思います。

私と叔母には真の母子以上のものがあり、私は本当に幸福であったと思うのです。

戦後初めて小学校の友達に二、三人会いましたが、まずその第一声は「おばちゃん

上は、昭和50年３月、次男の名大卒業記念に家族で大島へ旅行したとき。右は主人。楽しい２日間の旅でした。
下は、椿を見学したあと、三原山で馬に乗る私。

平成6年9月、クラス会旅行（左から4人目が私）。

元気？」でした。友達が遊びに来ると、いつもお菓子をあげるやさしい叔母でしたから皆の心に残っていたのでしょう。また、私の小学校のころは兄弟の大勢の人が多く、お弁当でも今ほど贅沢でなかったのですが、「あなたはいつも豪華なお弁当で、それを残して勿体無いと思ったことがあるわよ」と友人に聞かされ、今更のように叔母に感謝の気持ちがわいて参りました。

自分の不徳から自滅してしまった父も私との約束を守り、私が家を出てから彼女の籍を入れました。

そして、昭和二十七年七十余年の生涯を終わったのでした。父も考えようによっては可哀相な人だったかもしれません。祖母には頭が上がらず、彼女との間に子供があったことを隠しておいたのですから。

穏やかな日々

父の死を境に次第に憎しみも薄らぎ、報復は地獄への道と悟ったとき、心も軽く母の二倍以上の人生を生きたことに感謝すべきだと思うようになりました。

彼女も弟も今は幽明界(ゆうめいさかい)を異(こと)にし、今はその冥福を祈る気持ちに変わったのでした。

一つだけ、彼女の口からせめて死の間際にでも、「あなたのお母さまに申し訳なかった」との一言が聞きたかったのですが、結局その言葉は聞けませんでした。

今、この世の縁(えにし)は薄かった両親も、東京東麻布の先祖の墓地で仲よく眠っています。

先にも掲げましたが、

吾子よ吾子も女にあれば行く末に　母と同じき憂を見るかや

と詠み、私達姉妹の行く末を案じつつ亡くなった母。妹は残念にも早くに他界しましたが、「私はお母さまや叔母ちゃまのおかげでこの年まで平凡ですが、何事もなく無事生きることができましたよ」と墓前に報告したことでした。

人生は明と暗との明け暮れです。人間は生まれたときからのさだめ（運命）があって、そのさだめに逆らうことはできないと知りました。愚かな私は今ごろになって世の中の裏を少々垣間見てわかりかけてきたところですが、もう余生も少なく、人間とはつまらない悲しいものと思いました。

アンドレ・ジイドの言葉に「美しく死ぬことはさほどむずかしいことではないが、美しく老いることは至難の業」とありますが、全くその通りで、まだ現役の主婦の私は始終無理をしてあちこちが痛み、美しく老いることなど夢のまた夢、これからは老いとのたたかい、皆に迷惑をかけないように過ごせたら幸いと思っております。

そして、肉親の縁の薄い私ですが、よい友に恵まれ、その旧友に誘われて毎月温泉に行ったり、絵を描いたりして、家事から解放されたときが救われた気持ちになります。

今から三十八年前、私より五年ほど前からお習字を習っておりました主人から突然「お前も絵を描いて見るか」と、思いもかけない言葉、嬉しく勿論ＯＫしました。

上：平成３年、明治村の明治茶会にて、右端が私。私のとなりの友人と行きました。そこで３人にお会いしましたので、パチリ。
下：平成６年、東白壁小学校クラス会にて、私は左から２人目。

昭和58年11月、名古屋美術クラブにおいて開催の塾展を同級生が見に来て下さった時のもの。中央の絵が伊勢大輔。

そして、次男も小学校の高学年になった四十半ばより絵の勉強をはじめました。大和絵の森村宜永先生の許に入門することができたのでした。森村先生は名古屋のご出身ですが、東京御在住でしたので、月一回のお稽古は何もかも一人でやらなければならない忙しい私には好都合でした。画家にはなれませんでしたが、趣味で絵の描ける楽しさ、よい師にめぐり合った幸せをしみじみ感じ、暇を作っては絵の勉強に励みました。

その先生も亡くなり、去年十三回忌を迎えました。私の弟が亡くなったのと五日違いでしたので、よく覚えております。

昭和61年、森村宜永先生と共にパーティにて。

平成３年３月３日、徳川美術館にて元尾張のお姫さまであられた徳川春子さま（中央）と共に、右が私。

先生にお教え頂いた始めの頃の絵はほとんどお友達の所へ行き、得意の美人画が不出来なものばかり少々あるだけでしたが、始めたころのお人形を描いた軸や平成になってからの絵、額装、軸装、絵巻物など約五十点ばかりを昨年の三月に栄の画廊をお借りして、学生時代の友人、その他のお友達の協力を得て、初めての個展を開きました。

それが思いもかけぬ好評で二回も見に来て下さいました方が三組ほどあり、お友達やその他大勢の方々に御覧頂き、本当に嬉しく、人生の最後の花道を飾ることができまして、感激致した次第でございます。

今後も老骨に鞭打って、命ある限り絵を描きたいものと思っております。

最後に私の好きな句を一つ。

つゆの世は　つゆの世ながら　さりながら　一茶

第二章　私の絵画作品集「ギャラリー絖苑」

拙い絵でございますが「ギャラリー絖苑」と名付けました。御覧いただけましたらこの上の喜びはございません。

私は四歳の時に初めて自画像を描きました。当時は絵本が好きでよく見てそれをまねして描いたのだと思います。父も絵が好きでしたので、クレヨンを買ってきてくれたり、「ひさえ」という私の名前の落款（らっかん）を作ってくれたりしました。

それからずっと絵を描くことが好きで画家になりたいと思っていましたが、前章のような事情で美術学校への夢をあきらめました。けれども四十を過ぎてから大和絵を習うことができ、今でも絵筆を執っております。

そんな私の絵画の歴史というと大げさですが、作品のいくつかをご紹介したいと思います。女学校時代の絵は戦災で焼けてしまいました。何枚も描いた美人画は欲しいという方に差し上げていますので、それもあまり手元にはございません。ただ、子供の頃の絵は叔母が母の遺品と一緒にまとめて疎開させましたので、幸い手元に残っております。

美人画が好きですが、ここ何年かは能楽をモデルに描いています。

平成十二年には初の個展を名古屋市栄の画廊で開催し、多くの方々に御覧いただきました。私の絵を気に入っていただき、何度も足を運んでくださった方もおられました。うれしいことでございます。

私共の先生は天然の岩絵の具しか御使いになりませんので、私達も同様でした。それは宝石を砕いて作ったもので色鮮やかでございます。今回は都合により、カラーでお見せできないため、大和絵のよさが出ませんのが残念ですがやむをえません。

これからもずっと描き続けていきたいと思っております。

絵画という私のもう一つの歴史を、ごゆっくり御覧いただければ幸いでございます。

右は数え年４歳の時に鏡を見ながら描いた自画像。よく描けたと褒められ、皆に描いてほしいと言われ描いてあげました。
左も数え年４歳の自画像、当時の子供はこのようなエプロンをしていました。顔よりも手や足を描くのが得意でした。

小学校１年生のときに描いたお友達の絵。私は入学したときから洋服で学校へ通っていましたが、半分ぐらいの子は着物でした。右端の「ひさえ」という落款は絵の好きだった父が私のために作ってくれたものです。また、署名の掘益枝は「ひさえ」と読みます。

小学校２年生のときの絵。おばあさまと一緒にこたつに入っているところです。紙風船などのおもちゃと箱のふたを開けたようかんも描いています。

小学２年生の時に目のパッチリした美人のお友達をモデルにして描きました。そのころから、美しい人が好きで美人画を描くのが好きでした。

アヒルに驚いている女の子。あまりにも昔のことですので、どのような状況でこの絵を描いたのかは覚えておりません。これも小学3年の時のものです。

上は小学３年生の時の絵。まったく記憶にないのですが、どこかの温室でしょうか。小さい子はお出かけ用の刺繍の入ったエプロンをしています。母親らしき人が左手に持っているのは当時流行ったハンドバッグです。

下は小学２年生の学芸会で日本舞踊を踊っている友人。クロッキーのように写生をするのが早かったので、袖の動きなんかも瞬時に描けました。

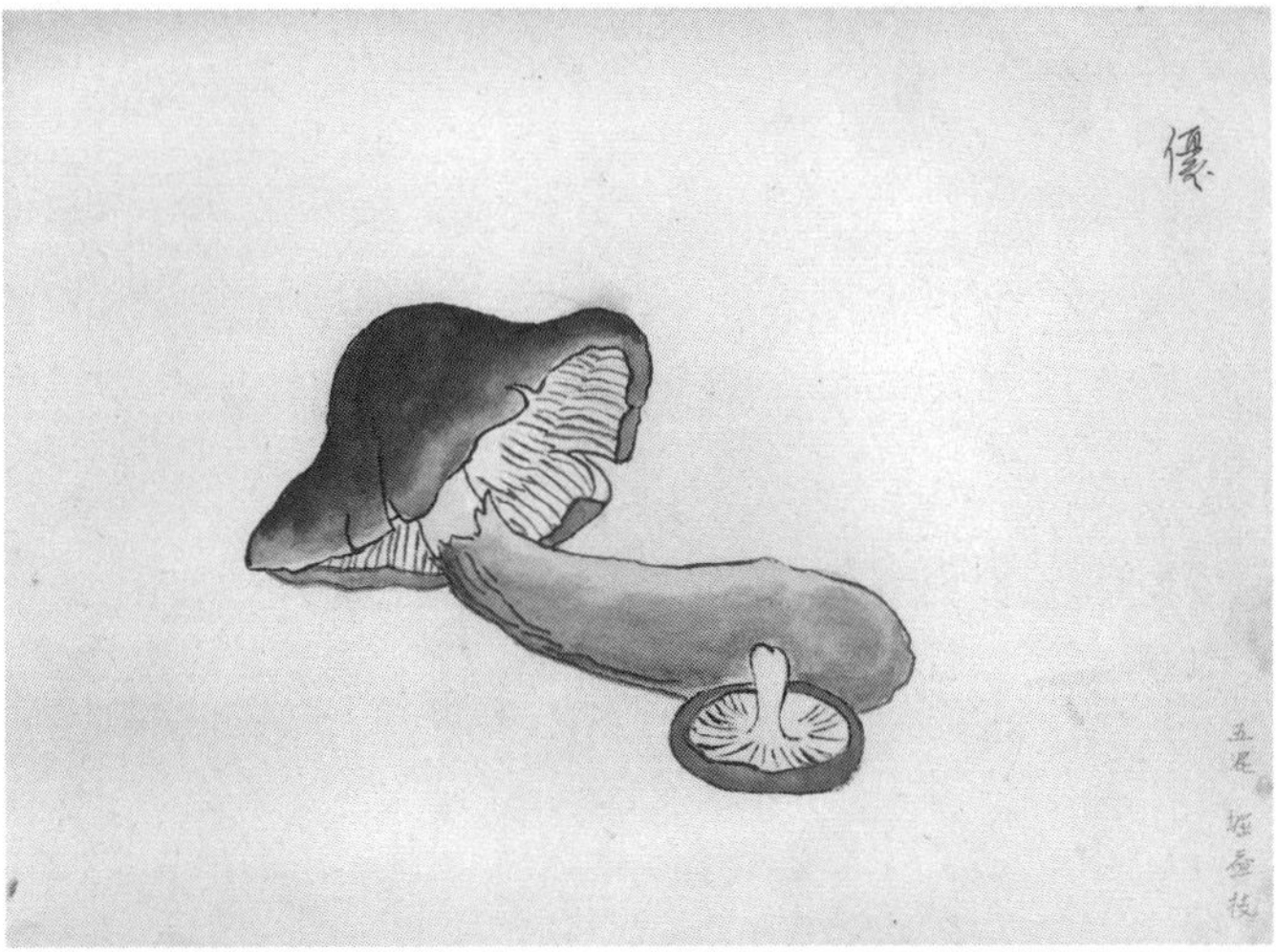

上は小学５年生の時に描いた松茸と椎茸の水彩画です。この頃から高等女学校の受験勉強を始めました。クラスも受験生ばかりの編成になり、毎日学校で夜６時頃まで勉強したのを覚えています。

下は小学３年生の授業の課題にあったものでしょう。後ろ向きの猫を黒一色で描いています。優等をいただいたようです。

小学５年生の頃、『少女クラブ』という本をよく読んでいました。その中に吉川英治氏の「月笛日笛」という兄弟の物語があり、山口将吉郎さんの挿絵がありました。その挿絵が好きで、まねて描いたもので、弟の菊太郎が兄を探し求めて笛を吹いているところです。

猩々（しょうじょう）（昭和38年作）

大和絵を習い始めて初めて描いた作品です。一つの人形を角度を変えて二つに描いたものです。区民展に出しまして区長賞をいただきました。

上：薔薇（昭和39年作）
花の好きだった父ゆずりで、私もお花が大好きで庭の手入れも自分でいたします。このバラも庭に咲いたものをモチーフに描きました。

下：グラジオラス（昭和38年作）
結婚してから、絵筆を執る暇もなく子育てに追われていた毎日でした。子供達にあまり手が掛からなくなった頃、大和絵の森村先生の門を叩きました。この絵は大和絵を習い始めた頃の初期の作品です。

新緑（昭和40年作）
次頁の「夏衣」と同じ人がモデルです。新緑の美しい季節の中、橋の欄干になにげなくもたれたところです。ブルー地の着物にえんじの帯、バックは新緑の緑です。

夏衣（昭和39年作）
親戚の娘が美人でしたので、よくモデルになってもらいました。

お雛さま（昭和41年作）
大和絵古代雛を見て描いてみました。掛け軸にしてあります。

春日（あんずの里）（昭和43年作）　あんずの里に写生に行ったときにスケッチしてきたものに色をつけました。

永源寺（昭和43年作）　滋賀県にある永源寺というお寺の古木です。

石　橋（昭和44年作）
踊りの人形を描いてみました。

上：いちご（昭和46年作）
子供の頃からいちごはとても好きでした。

下：雨後（うご）（昭和50年作）
雨上がりの庭に咲いた菖蒲を描きました。菖蒲の花は比較的手入れが楽で、毎年お花が楽しめます。

初雪（昭和47年作）
お正月に降った初雪はさして積もることもなく、薄っすらとはかない淡雪のようでした。絵は家事の合間に描きますから一つの作品ができるのにひと月くらいはかかっています。

少女（昭和58年作）

少女には計り知れない未来があります。私も画家になることを夢に見た日がございました。その夢はかなうことなく、本職の画家にはなれませんでしたが、こうして今でも絵筆を執っていられることを本当に幸せだと思っております。

伊勢大輔（いせのたいふ）（昭和58年作）

上東門院の女房で、「いにしへの奈良の都の八重桜今日九重ににほひぬるかな」の作者です。森村先生の原本を拡大して着色して描きました。

夕顔（昭和61年作）
この頃は源氏物語を題材に描いてみました。「伊勢大輔」と共に軸装です。

鷺娘（さぎむすめ）（昭和62年作）
母校、鯱光会(ここうかい)の美術展に「道成寺」とともに出展しました。

道成寺（昭和62年作）

チューリップ（昭和62年作）
私の家の庭には一年中花が絶えることなく咲いています。春になると50～60本ぐらいの色とりどりのチューリップが競い合うように美しく花を咲かせます。花が終わった後は、根を取り出してザルに上げて陰干しをして植え替えるのです。

椿籠（平成２年作）
庭に咲いた椿を籠にさしました。

紅葉狩り（平成２年作）
能楽の元になっている鬼女にだまされる男性の物語が題材です。後ろ向きにしおらしい姿をしている女性が実は鬼女だったのです。

春（平成２年作）
大和絵の師、森村宜永先生の絵を元に描きました。

楊柳観音（平成2年作）
森村先生のお手本をもとに描きました。観音さまの横に柳の枝が置かれています。墨の一筆描きですから、ちょっとした失敗もできませんでした。

童（わらべ）獅子（じし）（平成２年作）

赤い獅子頭を頭に乗せた博多人形が可愛かったので描きました。線描を前田青邨さんのたらしこみ手法をまねて描きました。着物の模様も金と青金の濃淡で仕上げました。

洋らん（平成６年作）
薄く金箔を引いた上に描いていくという難しい画法に挑戦してみました。金箔の上に墨をかけ現代的にしました。

半蔀（夕顔）（平成８年作）

大きさは６号ですが、白描という金と朱、墨のみで描く難しい手法で描きました。観世流の能楽の舞台を何回も見に行って写生をし、１年がかりで描きました。同じ演目の舞台がなかなかないので時間がかかりました。

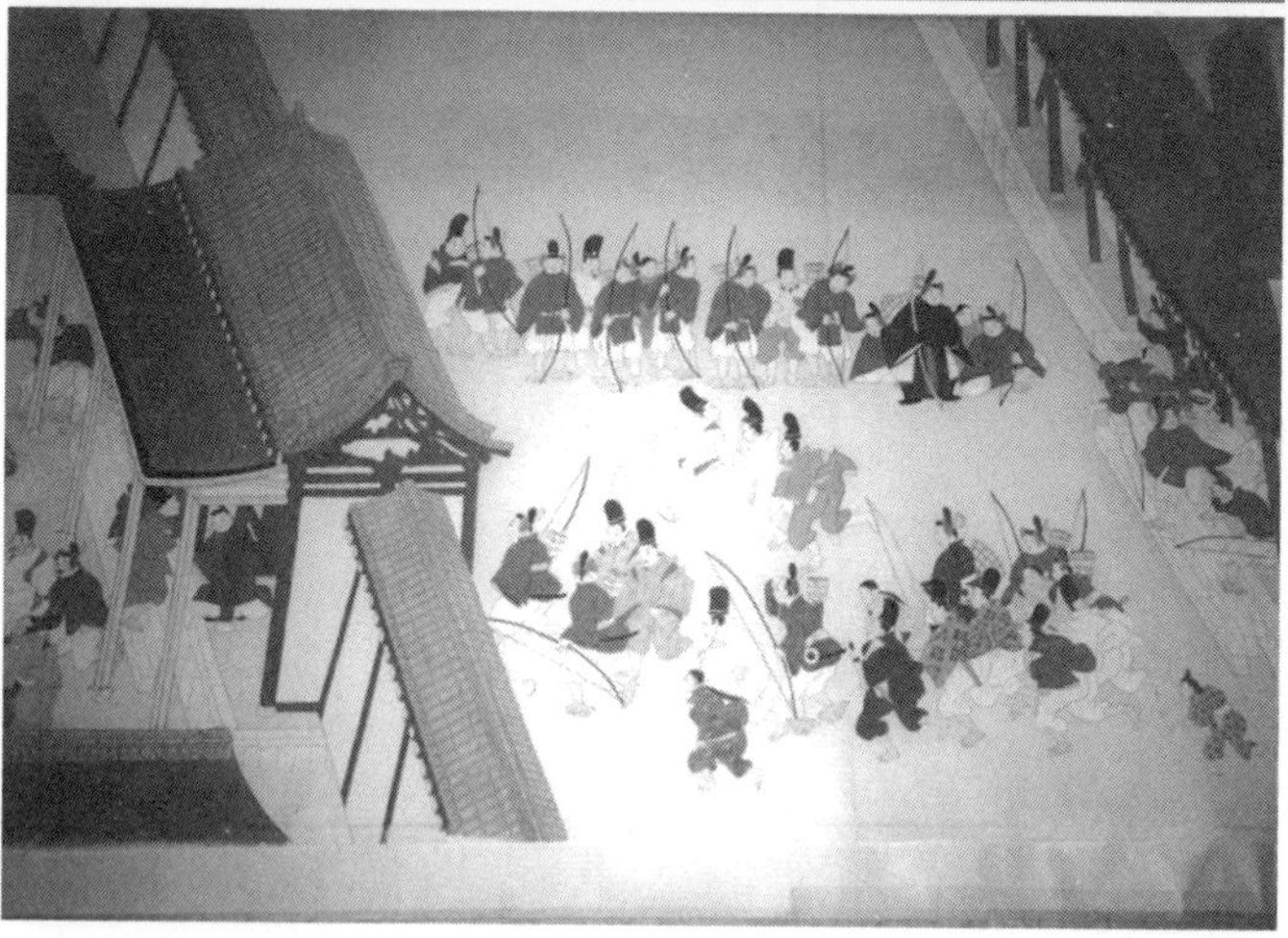

年中行事絵巻（平成6年～平成9年作）
国宝の「年中行事絵巻」の模写の一部。10枚ぐらいに分けて岩絵の具で描いていき、それをつなげました。

草子洗小町（平成9年作）
友達に梅若さんの親族の方がいらして、その方に誘われて能楽を拝見するようになりました。描いた作品の多くは友人、知人に差し上げましたので手元に残っている作品はあまりございません。この作品も今は友達の所に行っております。私の父も官吏の現役の頃は能楽に親しんでおりましたので、昔から謡はよく知っておりました。

叢原（くさはら）（平成10年作）

農業センターにはうさぎや馬などの動物もたくさんいます。何年か前にうさぎの写生をしていたものを元に卯年に描いたうさぎです。私の絵画にあまり関心のない次男の嫁もうさぎの絵だけは気に入って好きだと言ってくれました。

無題（堀洋輔作）
父が描いた絵です。

鯛（中村梅子作）
いつ頃のものかは分かりませんが、母が描いたと思われる絵が古い写真を探していたら出て参りました。母も絵が上手だったようです。

無題（伊藤駿児作）
母の次兄で、もと外国航路の船長をしていた伯父が、小学生のときに描いたものだそうで、農婦をモデルにした絵のようです。この伯父と母は仲がよく、いろいろ相談にのってもらっていたようです。航海中外国から送ってくれた手紙も残っています。

第三章　短歌集　母子草

名家に生まれながら不幸な一生を終えた母、その母の残した随筆、詩集等色々ありますが、そのうち数多い短歌の中よりその一部を、私の拙い歌と共に発表できましたら、故人も喜ぶのではないかと思った次第でございます。

私の祖母が母の残した文庫に一まとめにしまして、私の小さい頃の絵など一緒にして納めてありました。約百年ほど前の文庫ですが、竹で編んだその上に漆が塗ってありまして、虫にも食われず戦災にも無事でした。母の学生時代からの日誌などもきれいな毛筆で美しい文章で記してあります。

私の死後、捨てられてしまうのも残念と思っておりましたところ、出版というよい機会に恵まれましたのを幸い、母の短歌の一部を御覧に入れようと存じました。私の短歌は先生について習ったわけでもなく、自己流のお粗末なものでございますが、御覧頂けたら幸いと存じます。

なお、前半（一〇一頁～一一三頁）に母の作品を、後半（一一四頁～一二五頁）に、私の拙作を紹介させていただきました。

水上に帆かけようやく消えゆきてみ空に淡き夕月のかげ

その名さへいとなつかしき母子草つみてかえらん日はくれるとも

さほ姫がかたみの色の夏草のしげみがなかにれんげ草さく

故里の人かげさえもうつるかと思わるるまですめる月かな

亡き友とかたりかわすを見てさめし枕に淋しふくろうの声

さめぬればあとなきものとおもえどもなほみまほしき故里のゆめ

兄君のいますとおもえばとつくにの見しらぬ国も恋しかりけり

里の子のおいたるかごの夏草にまじりて一つなでしこの花

くみあげし水の面にゆらゆらとくだけて清き有明の月

さなえとる乙女の姿見えそめてをさの音（ね）しばしたゆるこの頃

ゆきと散る浪に夏をも家路をもしばし忘れて夜をふかしつつ

糸すすきひとり茂れるそのかげにやさしく笑（え）めるなでしこの花

ふくろうの声もまじりて山の端（は）に光はうすき月ぞ残れる

月なくてしをれる花におくつゆは雨をわびての涙なるらん

花あやめゆかりの色の深ければ賤が伏屋（貧しい家）もゆかしとぞ見し

志るべせし花の香りを尋ねつつゆめにも来ませ柴の庵に

竹やぶをもれてきらめく月かげのふけゆく夜半（よわ）に烏（からす）なくなり

只ひとり堤を急ぐ旅僧の袂（たもと）にけぶる村時雨かな

いにしえの関屋のかげは大御代にうつさずもがな木曽の河づら

春の夜を高く歌いてゆく稚児（ちご）の袂に一つ胡蝶とびゆく

木の葉みな散りし夕（ゆうべ）はうぶすなの杉の一本いと高く見ゆ

つとめてはおごらぬ民ぞ日の本の国を強めるもといとなるべき

栄ある都の花にあう時も故里野辺の梅な忘れそ

コスモスの枝にからみし朝顔の花は日毎に小さくなりけり

羽根つかん身にあらねど何となく来ん初年の待たれぬるかな

竹むらをもるる月かげふけゆきて近くきこゆる木曽の川音

雨にあけ雨にくれゆくわびしさをかこちがほにもなくかえるかな

かやり火のいぶせきままに立ちいでし我をかすめてほたるでゆく

昭十三年
春

春季雑詠

故里の山もさくらも今宵々の歌にこそみなあたる春のくしたれ
我のみね花の下にて惜しめども我が袖とめて桜ちりけり
もろともにあはれとみしも故郷の友いまいづこ十年へにけり
時世なる花をも惜しみて過ごしてき故郷の山やあはれ見るかと
春さらば詠まんといひし人なくて今年の春も暮れ果てにけり
桜花咲きも散りも幾年の咲きかはりけし契りし人も来たりけれ
青葉若葉の春過ぎましし時
まちわびし今年咲き折りける桜も神のうけなやあはれけん

友恒のまへなる母我よりたのみてなごりよみおの詠まいらせまゐらし

たち帰りし人の涙に君が行し跡の山路もなにかけりらん

君が行し跡の山路の草葉はわれたちの涙つゆとおくらん

年ふれとちねの君やなれしけんまのあたりの多きことかな

遊きまいらせ候こそ思ひのほかにて語らふるうへ涙まことに嬉しく候てしも

かしこくへとおもふてやせしにいかにも今に候へかし

まいり我おもひし更に悲しくいかにも哀れに候へとも

まいらせ候も哀れなるそてなみだ数々かりにもなき君を

いつとて君のみたまに我尉ため手向のこともたゆみなくおもひ候

何方へも我が草の陰にてならぬ世にもあら君につゆみとこそ

未央柳

名もあれど未央のやなぎみどりのいとのちねの色に染つけて

帆

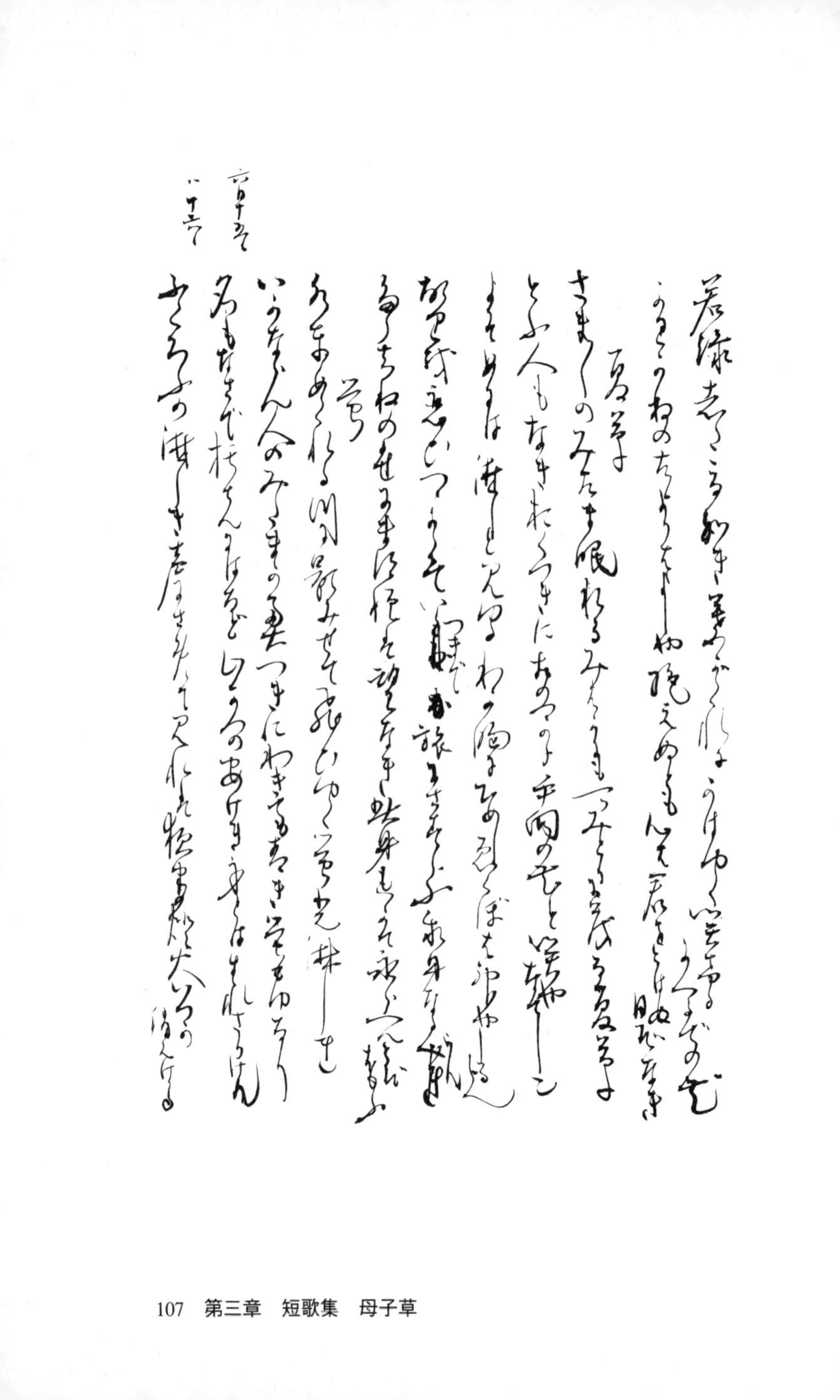

柴の戸の燃えさしゆゑて　おそろしの老物語　夏の山路に
迷ひし旅人へ　なにの見るらん　言の葉のあとを　もとめしうゑて
ゆくりなく　なる人にあひしの　花の道を　すゝめ旅は　くらして

十七

いろ道を旅すくらして　たちまさる逢ふ　かなしき　なる人
かやりたる煙　郭公に　たちひきて　月の山中　流し　川面の里

十八

さむしいの　[illegible]よそ　乗りて　[illegible]我身の　このおもへ心も　けむり
木の葉も散りまさる　残りゆく　枝の中には　やゝなかるの　枝の上を
露もちて　友とさそはれて　なる夕　色をうつし　声さえてのし
散りゆくは　我の心も　[illegible]惜しむかな　はかなき風さへ　うらみつ
夕暮れは　[illegible]の海に　めぐりまわりて　星かくれける　くれしを
かくおもひて　思ひいわふ　[illegible]も　嬉しける如　月を　ながむ

三十一
らみおきし幽霊のみつに三つ五つ柳のちひさはれかゝるよこの苗なれ
珍らしく五月雨ふりて未だ母子五月蝿のなくなくてなし
勤めて独りの次の中の時の中おいかる風細くはれらぬ心ん
はかりしとかほすゝゝるまみえまほて柳のたまのちひさき蘭まおり

自害せし人ありしは

三十二
大君のみことての身とし生きそむきしたるに命をたえたん
君をみなむ日の中なる身の日かおもりね草胡蝶の下をぶる

三十三
小さみちは未だ路のいろ梅ものの花えなるせわしく人のまなる
なかなかにしからうとしさのおもひ小ぬ路のくられ路をかまれてれとど
而ても蝶も今をたちのしに林園とやかしを持つらん

三十四
而けずる節代の田を誰の運たるかをへましみのこと母
中山みする折り生の時をまもしも中の花なるかかくるこその日みや

晴るゝ日は只野のきみにあるかたをも似たる心地して

ますますいなもえやらぬおもひも君が枕はうちへむかひおもふ

植ゑそめし青柳はつはきに咲きて古跡もいくの方ゝまでなりけり

みゆきはまだ去年の道芝を見せて住みてもんぞの春も昔の

今なおかく嵐のみなそこの谷のなごりもかへすがへす君を忘れず ましましは

青柳の糸のいかせん今の折のなごりも似たる命なりけりや

姫の宮の百年の悔しも一夜のゆふのかなしさまでにはあらずや

天地のはじめより今日ほど嬉しき春の静かに暮るゝ夜も

おもへばかくる思ひもわすれぬなけれぬめでたの時

二十、

おもんみればきゝ読むすべもなし 只野なすなるえぬれて

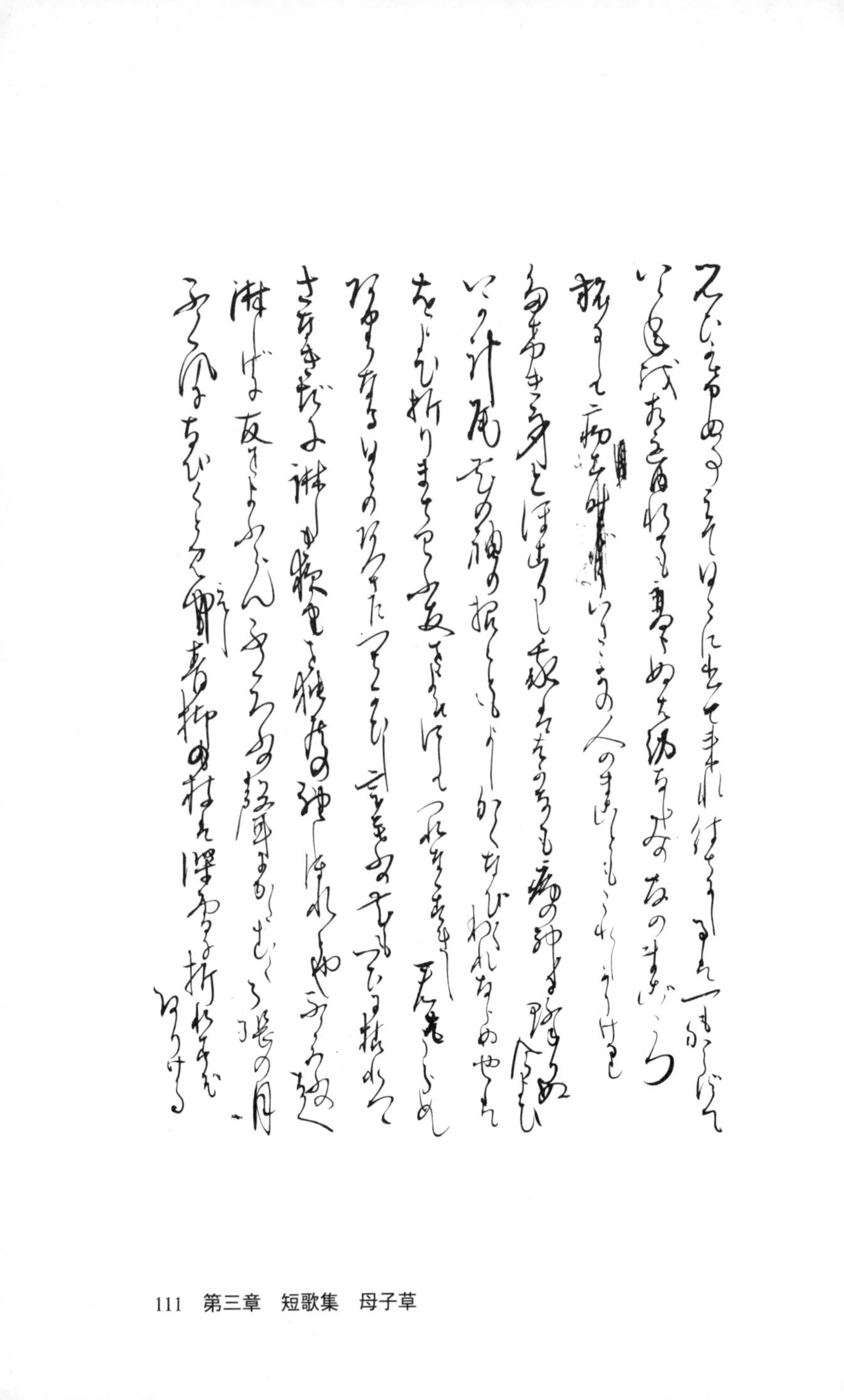

[illegible]

さてもさても[illegible]まいらせ候
ゆきまして三日へまかり[illegible]の山[illegible]御事にて[illegible]
いまさら[illegible]を以てあるに三日の月をいつくにかまかり[illegible]
吹く風に伏まろび[illegible]文[illegible]候それ[illegible]ね
名残の野[illegible]畑[illegible]候[illegible]
名残の野の畑のきゆること[illegible]
野 廿二夜[illegible]のかの[illegible]
野 [illegible]
今度は別而[illegible]まいらせ候[illegible]の[illegible]めでたく
ますます[illegible]
[illegible]まいる

※

いざきはらしくれかへてうる五のこ那聿し
萩の君父をこ面居よ
遊きみれしてふすあわしの君をふいはるな君も

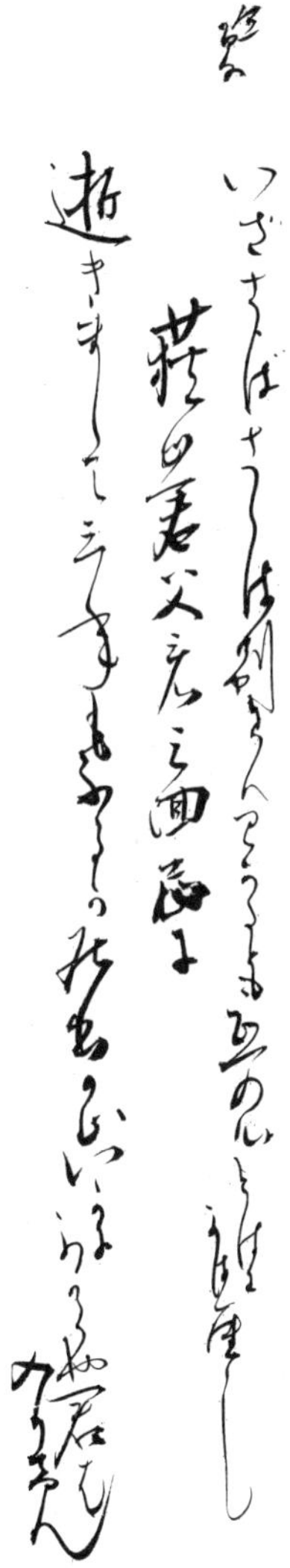

常磐木のみどりも雪につつまれて静かに明けし元日の朝

落椿遊びし昔なつかしきうぐいす来鳴く里の裏山

戸をくればみどりに晴れて鶯の春をさえずる音(ね)も朗らなり

桜には未だ早けれ大和路は春の景色の美しきかな

そのかみのいくさのにえとなりし人住みにし大原の奥ぞこいしき

【東北に旅して】

みちのくの勿来の関に駒とめて散りしく桜めでしもののふ

山桜散りて馬上に歌よみしもののふこひしみちのくの春

戦場に命をしまぬますらをも落花をなげく心ゆかしき

五月晴風さわやかに吹き渡り鯉のぼり立つ初夏（はつなつ）の里

山里に鶏鳴きて静かなる夜はほのぼのと明けそめにけり

さまざまな歴史ひめたる吉野山如意輪堂に花吹雪舞う

しゃくなげのうすくれないの美しく高野の奥にうぐいすの鳴く

ほそぼそときり雨けぶる高野山金剛峯寺に祈り捧げて

長谷寺のぼたん美し日に映えてくれないの色もゆるが如し

さ夜ふけて走れる汽車の窓辺よりほのかに見ゆる町の灯の色

雨の中走れる汽車の窓辺より町の灯の色またたきて見ゆ

をちこちの木々はみどりにいやまして心すがしき初夏の朝

空晴れて緑萌えなす芝原に遊べる子らの愛らしきかな

【信濃路を旅して】

谷川のせせらぎの音心地よく静かに明けし信濃路の朝

信濃路の旅おもしろし友と来てしばし乙女の頃に返りぬ

山あいにしゃくなげの花美しく信濃の夏はまだ浅くして

若葉萌ゆ尾瀬に咲く花求めつつ雨の沼地を友と旅ゆく

風かほる初夏の太陽背にあびてライン下りの舟はゆくなり

うすずみの桜たずねて根尾の里王者の気品樹齢めでたし

紫のうすきかれんな花つけてかたかごは今山あいに咲く

（かたくりを万葉では「かたかご」と言う）

【乗鞍に旅して】

みどりこき大空せまりくるごとく間近にみゆる山の頂（いただき）

紺碧の空はかすみて山の気は心の底にしみとをるらし

【小豆島に旅して】

雨晴れてみどりすがしき小豆島心のそこまで澄める朝かも

ひんがしの空ほのぼのと明けそめて碧の海の鏡のごとし

山道をあえぎのぼれば鶯(うぐいす)の声うるわしき瀬戸内の島

ながき日の暑さにうみてうたたねの夢おどろかす蟬(せみ)時雨かな

夕立はからりと晴れて軒先の風鈴の音涼しく聞こゆ

ま輝く夕焼け雲につばさそめ列をそろえてかりのとぶかも

秋の日は赤く照らせり誰（た）が墓ぞ鶏頭の花あまた咲きをり

雑草の茂みの中に一輪の野菊かれんに咲き匂うなり

名も高き水戸の園にはまんまるき梅の実なりて五月雨のふる

昨夜よりの雨も上がりて五月晴れ富士の霊峰かがやきて見ゆ

久々に友と旅立ち一夜をばみ山の宿にいこいぬるかな

信濃路は風寒けれどから松の芽ぶきに春の訪れを知る

少女期の愛称で呼ぶクラス会かたみ（互）に孫のある身忘れて

新緑のまばゆきばかり美しき谷汲山に画材求めて

紫の桔梗かれんに咲きそめて荒野の夏に色そえにけり

竹かごに活けたる桔梗のひなびたる紫の色目にしむごとし

【八尾の風の盆を訪ねて】

うら悲し三味と胡弓（こきゅう）の音（ね）にのりて風の盆唄夜のふけるまで

久々にまみえし友の笑顔みて幼き日々を思いいだして

たそがれて入り日わびしき野に立てばチチと悲しく百舌（もず）の鳴きゆく

ほそぼそと降る秋雨のものがなし鈴虫の声細り細りて

から松の色美しく陽にはえて高原の気いやかぐわしき

落柿舎に去来しのびてたたずめばはやたそがれて入り日わびしき

そのかおの大宮人をしのびつつ秋の嵯峨野をそぞろ歩きぬ

湯どうふにしたつづみ打ち秋の日をこころゆくまでたのしみにけり

深みゆく秋を楽しみ洛北にふりし歴史をたずね来にけり

たそがれて入り日わびしき清水の御寺の鐘心にしみて

一枚の木の葉にさえもいにしえの香りただよう室生寺の秋

秋晴れの空はもすみて柿の実の赤くうれつつ光る我が庭

秋日和庭の紅葉の下かげに小犬じゃれあう朝ぞ嬉しき

三方湖の空はあくまで青くして霜月の風はだえに寒し

久々に友と語らい過ぎし日の昔話に夜を過ごしけり

幼き日むつみし友の今はなく梢にわびし秋風の吹く

初夏（はつなつ）になれば蛍で賑わいし池のほとりも冬はさびしき

しらじらとさ霧ただよう畦道に仔牛をひきてゆく人の見ゆ

訪れぬ友待ちわびて外見ればともし火は早またたきそめぬ

逢い見ては只嬉しさに胸おどりかたみ（互）に交わす言の葉もなし

きんもくせいの黄色き花の香ぐわしく庭にほそぼそ秋雨の降る

日めくりの次第にうすく日は立ちてそぞろにわびし秋深き夜

夜深く静まりかえる寒き夜半（よわ）只ちんちんと湯のたぎる音

足早に師走の町の人ゆきて石やきいもの売り声わびし

いろいろの香りまじりて息苦し満員バスにゆられゆられて

新しき年のはじめに祈るなりこの一とせも幸あれかしと

あとがき

真っ赤に色付いた紅葉がはらはらと風に舞い、いつの間にか、庭のさざんかが美しい花を咲かせております。私が自らの半生を執筆し始めてから半年ほどが経ち、早いもので、もう今年もあと数日で終わろうとしております。

書き進めるうちに、昔のことなどをあれこれと思い出しました。幼い頃に父や母、祖母や叔母にやさしく可愛がられた日のこと、妹やお友達との楽しかった日のこと、そして、父の愛人の出現で人生が一変した日のこと、結婚してからのこと、つらく悲しかったこともずい分とございました。

しかし、そのようなことすら今になってみればすべてが懐かしく、ただ美しい思い出となってしまいました。

そして、少女の頃画家になることを夢見た私でしたが、その夢は果たせずとも今でも好きな絵を描けるうれしさはたとえようがございません。昨年は個展を開いて大勢の皆さまに絵を見ていただくことができ、そしてまた、今度は私の半生記とともに、画集という形で絵を見ていただくこととなりました。

そのうえ、母と私の短歌を一緒に本に残すことができました。母とは縁の薄い私でしたが、やはり強い絆を感じております。母もきっと喜んでくれていることでございましょう。

現在、私は主人と二人で貧しくとも平和で穏やかな毎日を過ごしております。今日こうしていられる幸せを感謝するとともに、これからも元気で続く限り筆を執り、好きな絵を描いていきたいと思っております。

最後までこの本をお読みいただきまして、ほんとうにありがとうございました。

平成十三年十二月吉日

福井絖苑

【著者プロフィール】

福井 絖苑（ふくい こうえん）

東京都生まれ。

子供のころから絵を描くことが好きで、画家になることが夢だったが果たせず、結婚後も主婦業のかたわら研鑽を積み個展を開催。今も絵画に短歌に創作活動を続けている。

愛知県名古屋市在住。

緋紗子　茨の道も今にして思えば……

2002年6月15日　初版第1刷発行

著　者　福井 絖苑
発行者　瓜谷 綱延
発行所　株式会社 文芸社
〒160-0022　東京都新宿区新宿1-10-1
電話　03-5369-3060（編集）
03-5369-2299（販売）
振替　00190-8-728265

印刷所　株式会社 フクイン

ISBN4-8355-3875-7 C0095